# Langenscheidts Grammatiktafel Englisch

Völlig neu bearbeitet von Christian Frieser

W0218892

## Inhaltsverzeichnis

# 1 Der bestimmte Artikel

## 1.1. Form und Aussprache

**the** (ðə)
vor konsonantischem Anlaut:
the book, the university

**the** (ði)
vor vokalischem Anlaut: the American
vor stummem **h**: hour, heir, honest
vor **h** in Wörtern mit unbetonter erster Silbe: the horizon

## 1.2. Gebrauch

**Mit Artikel:**

- Länder und Inseln im Plural: the Netherlands
- Flüsse, Meere und Gebirge: the Thames, the Atlantic, the Alps
- nach all, both, half, double und quite: all the world, double the sum
- Allgemeinbegriffe in konkreter Bedeutung (z. B. Gebäude): the school is near the church
- Stoffnamen in konkreter Bedeutung: the coal of Wales
- Jahreszeiten, Monate, Tage in konkreter Bedeutung: the first Sunday in August

| **Idioms:** |
|---|
| it is the custom: *es ist Sitte,* it is the fashion: *es ist Mode,* with the exception of: *mit Ausnahme von,* in the presence of: *in Gegenwart von,* with the help of: *mit Hilfe von* |

**Ohne Artikel:**

- Personennamen (auch mit poor, old, young, little, good, saint): poor Peter
- Titel und Verwandtschaftsnamen: Queen Elizabeth, Uncle Sam, aber: the Queen of England
- Länder und Städte: Switzerland, Turkey, aber: the London of today
- mount – lake – harbour + Eigennamen: Mount Everest, Lake Geneva
- Straßen, Plätze, Gebäude und Eigennamen: Oxford Street, Times Square
- Allgemeinbegriffe: church – school – college – prison – bed: school starts at 8 o'clock (Unterricht)
- Stoffnamen: coal, plastic, steel, wood
- Gattungsnamen im Plural: cats, mice, dogs, birds, swallows are pretty birds, aber: the swallows in front of my window
- Jahreszeiten, Monate, Tage, Mahlzeiten: summer, March, Sunday, dinner, on Monday

| **Idioms:** |
|---|
| at first sight: *auf den ersten Blick,* to lose courage: *den Mut verlieren,* to shake hands: *die Hände schütteln,* to go by train: *mit dem Zug fahren,* to be at hand: *bei der Hand sein* |

# 2 Der unbestimmte Artikel

## 2.1. Form und Aussprache

**a**
vor konsonantischem Anlaut: a book, a European

**an**
vor vokalischem Anlaut: an English book
vor stummem **h**: an hour, an heir

## 2.2. Gebrauch

**Mit unbestimmtem Artikel:**

- Beruf, Nation, Religion, Gruppenzugehörigkeit: she is a doctor, he is an American, she became a Protestant, my son is a boy scout
- hinter: half, many (mancher), quite, rather, what: half a dozen, such a good film,
- nach mit as, so, too, however verbundenen Adjektiven: too heavy a weight to carry

| **Idioms:** |
|---|
| to be in a hurry: *in Eile sein,* to have a headache: *Kopfschmerzen haben,* to have a fever: *Fieber haben,* to have an appetite: *Appetit haben* |

## 6 Personal-, Possessiv- und Reflexivpronomen

| Subjekt | Objekt | Poss. begleitend | Poss. allein stehend | Reflexiv |
|---|---|---|---|---|
| I | me | my | mine | myself |
| you | you | your | yours | yourself |
| he | him | his | his | himself |
| she | her | her | hers | herself |
| it | it | its | its (own) | itself |
| we | us | our | ours | ourselves |
| you | you | your | yours | yourselves |
| they | them | their | theirs | themselves |
| one | one | one's | one's own | oneself |

- Die englischen Personalpronomen erscheinen nur in zwei Fällen: als Subjekt und Objekt. Das deutsche Akkusativ- und Dativpronomen kennt im Englischen nur eine Entsprechung: I saw her yesterday. *Ich habe sie gestern gesehen.* I gave her the money. *Ich habe ihr das Geld gegeben.*

- Es gibt keine Höflichkeitsform: **you** bedeutet gleichermaßen *du* und *Sie.*
Viele englische Verben stehen im Gegensatz zum Deutschen ohne Reflexivpronomen, z. B. to argue *sich streiten,* to change *sich umziehen,* to concentrate *sich konzentrieren,* to feel *sich fühlen,* to meet *sich treffen,* to move *sich bewegen,* to remember *sich erinnern...*

- Beachten Sie den Unterschied zwischen Reflexiv- und reziproken Pronomen: All the guests can help themselves. *Alle Gäste können sich selbst bedienen.* They helped each other a lot. *Sie haben sich (gegenseitig) viel geholfen.*

## 7 Demonstrativpronomen

### 7.1. "this" und "that"

| | nahe beim Sprecher befindlich | vom Sprecher weiter entfernt |
|---|---|---|
| Singular | this | that |
| Plural | these | those |

## 8 Fragepronomen

- Das Fragewort **who** kann außer als Subjekt (*wer?*) sowohl als direktes Objekt (*wen?*) als auch als indirektes Objekt (*wem?*) stehen:
Who did you meet at the party? *Wen hast du auf der Party getroffen?*
Who did you give the book to? *Wem hast du das Buch gegeben?*
⚠ Beachten Sie die Stellung der Präpositionen am Satzende!

- **Whom** steht nur in sehr formellem Kontext oder bei vorangestellter Präposition: For whom? *für wen?,* to whom? *an wen?, wem?,* with whom? *mit wem?*

- Sowohl **what** als auch **which** können mit einem Substantiv verbunden werden. Beachten Sie dabei aber folgenden Unterschied:
**What** + Substantiv fragt allgemein, während **which** + Substantiv nach einer Person bzw. Sache aus einer ganz bestimmten Gruppe fragt:
What books did you buy? *Welche Bücher hast du gekauft?*
Which one do you prefer? *Welches bevorzugst du?*
Which policeman did you speak to? *Mit welchem (der) Polizisten hast du gesprochen?*
The one over there. *Mit dem dort drüben.*

## 9 Relativpronomen

### 9.1. Formen

| | Personen | Dinge | Personen und Dinge |
|---|---|---|---|
| 1. Fall *(wer oder was?)* | who | which | that |
| 2. Fall *(wessen?)* | whose, of whom | whose, of which | (that ... of) |
| 3. Fall *(wem?)* | who(m), who(m) ...to | which, which ... to | (that ... to) |
| 4. Fall *(wen oder was?)* | who(m) | which | that |

### 9.2. Gebrauch

- Für Personen (und Tiere, zu denen ein emotionaler Bezug besteht) steht **who** bzw. **that,** für Dinge und Tiere **which** oder **that:** The man who/that visited me yesterday is my brother. *Der Mann, der mich gestern besuchte, ist mein Bruder.* The book which/that I'm reading is quite interesting. *Das Buch, das ich gerade lese, ist ziemlich interessant.*
- **Whose** wird meist für Personen, manchmal auch für Dinge verwendet: Elvis is a singer whose records are known everywhere. *Elvis ist ein Sänger, dessen Platten überall bekannt sind.* A&C is a company whose business is growing very fast. *A&C ist eine Firma, deren Umsatz sehr schnell wächst.*
- **Whom** wird nur in sehr formellem Kontext gebraucht. Ansosten steht **who.**
- **Contact clauses:** Ist das Relativpronomen nicht Subjekt des Relativsatzes, so kann es auch weggelassen werden. Dabei stehen Präpositionen an derselben Stelle wie im Hauptsatz: The man (who/that) I talked to was my brother. The CD-player (which/that) I looked at is very expensive.

## 10 Unbestimmte Pronomen

### 10.1. "some" und "any"

**a)** **some** und seine Zusammensetzungen steht in

- positiven Aussagesätzen: We need some sugar, some bread and some corn flakes.
- Fragen, auf die eine positive Antwort erhofft wird: Could I have some coffee, please?
- der Bedeutung von *irgendein(e, -r):* There must be somebody who can help me.

**b)** **any** und seine Zusammensetzungen steht in

- verneinten Aussagen: We don't have any sugar left. And there isn't any bread either.
- Fragen, deren Antwort man nicht kennt: Is there any chance of getting a train to London?
- der Bedeutung von *jede(r) x-beliebige(r), irgendein(e,-r):*

### 10.2. much, many – a lot of, lots of

*Viel(e)* wird in Aussagesätzen meist mit **a lot of** bzw. **lots of** wiedergegeben. In Fragen oder verneinten Sätzen steht dagegen häufiger **much** für nicht zählbare bzw. **many** für zählbare Substantive. Nach **very, so, too, that** und **how** folgt nie **a lot of / lots of.**

### 10.3. a few, a little – few, little

| zählbare Substantive | nicht zählbare Substantive |
|---|---|
| a few *einige, ein paar*<br>a few bottles | a little *ein bisschen, etwas:*<br>a little milk |
| few *wenige:* few people | little *wenig:* little chance |

We have a lot of cheese but there isn't much milk left. *Wir haben viel Käse, aber es ist nicht mehr viel Milch da.*

## 11 Das Verb

Die Formen der Hauptzeiten (**tenses**) des Verbs **to look** *schauen*

| | **bejaht** | **verneint** | **Frage** | **verneinte Frage** |
|---|---|---|---|---|
| **simple present** | I look, he looks | I don't look, he doesn't look | do I look?, does he look? | don't I look?, doesn't he look? |
| **present progressive** | I am looking | I am not looking | am I looking? | am I not looking? |
| **simple past** | I looked | I didn't look | did I look? | didn't I look? |
| **past progressive** | I was looking you were looking | I was not looking you were not looking | was I looking? were you looking? | was I not looking were you not looking? |
| **present perfect** | I have looked | I haven't looked | have I looked? | haven't I looked? |
| **present perfect progressive** | I have been looking | I haven't been looking | have I been looking? | haven't I been looking? |
| **past perfect** | I had looked | I hadn't looked | had I looked | hadn't I looked? |
| **past perfect progressive** | I had been looking | I hadn't been looking | had I been looking? | hadn't I been looking? |
| **will-future** | I will look | I won't look | will I look? | won't I look? |
| **conditional** | I would look | I wouldn't look | would I look? | wouldn't I look? |
| **imperative** | Look! | Don't look | | |
| **gerund** | looking | | | |
| **past participle** | looked | | | |

## 12 Vollständige Hilfsverben

### 12.1. "to have"

- dient zur Bildung der zusammengesetzten Zeiten des Verbs: he has gone
- **have** + **Objekt**+**Partizip Perfekt** = *lassen:* I have my hair cut. *Ich lasse mir die Haare schneiden.*
- **have** + **Akkusativ**+**Infinitiv** = *lassen, veranlassen:* The teacher has the boys learn by heart.
- **have** + **Infinitiv** mit **to** = *müssen:* I have to tell you something. *Ich muss dir etwas erzählen.*
- ist auch Vollverb (häufig mit **got**). Have you got some money?
  Frage und Verneinung kann dann aber auch mit **to do** erfolgen: Do you have some money? – Yes, I do.

### 12.2. "to be"

- dient zur Bildung der Verlaufsform (**progressive form**): The sun is shining.
- dient zur Bildung des Passivs: My car was repaired yesterday.
- ist auch Vollverb: To be or not to be, that is the question.

**Idioms:**

I am warm/cold *mir ist warm/kalt,* to be right/wrong *Recht/Unrecht haben,*
How are you? *Wie geht es dir (Ihnen)?*

### 12.2. "to do"

- dient bei Vollverben zur Bildung der Frage: Do you like that kind of music? Did you hear that? *Magst du diese Art Musik? Hast du das gehört?*
- wird zur Verneinung von Vollverben verwendet: I don't like it. He doesn't like it either. *Mir gefällt es nicht. Er mag es auch nicht.*

# 4 Das Adjektiv

## 4.1. Allgemeines

Im Gegensatz zum Deutschen steht das Adjektiv im Englischen immer unverändert:
a black sports car *ein schwarzer Sportwagen*

## 4.2. Steigerung

| Adjektiv | Komparativ: Adjektiv + **-er** | Superlativ: Adjektiv + **-est** |
|---|---|---|
| einsilbige Adjektive, z. B. **fast** | faster | fastest |
| zweisilbige Adjektive auf **-er, le, -ow, -some** und **-y,** z. B. **gentle, narrow, clever** | gentler<br>narrower | gentlest<br>narrowest |
| zwei- und mehrsilbige Adjektive, z. B. **beautiful** | Adjektiv + **more**<br>more beautiful | Adjektiv + **most**<br>most beautiful |
| unregelmäßig gesteigerte Adjektive, z. B. **good, bad** | better<br>worse | best<br>worst |

## 4.3. Vergleich

Gleichheit: **as ... as:** my sister is as big as I am
Ungleicheit: **not so ... as** oder **not as ... as:** my brother is not as big as I am
Komparativ + **than:** My car is faster than yours.

## 4.4. Stützwort (prop word)

Anders als im Deutschen bedarf es im Englischen der Hilfe eines Stützwortes (**one** bzw. **ones**), um ein bereits genanntes Substantiv ersetzen:
This car is too expensive. I need a cheaper one. *Ich brauche ein billigeres.*

# 5 Das Adverb

## 5.1. Allgemeines

Adverbien bestimmen ein Verb, Adjektiv oder einen Satz näher. Im Gegensatz zum Deutschen haben sie im Englischen eine eigene Form.

## 5.2. Bildung

Adjektiv + **-ly** = Adverb: quick – quickly
Orthographische Besonderheiten:

- zwei- und mehrsilbige Adjektive verwandeln **y** nach Konsonanten in **i**: happy – happily
- einsilbige Adjektive können das y behalten: shy – shyly
- End **-e** entfällt bei due – duly, noble – nobly, true – truly und whole – wholly

Adjektive, die bereits auf **-ly** enden, werden mit in a ... way bzw. in a ... manner umschrieben

⚠ Manche Adjektive stehen als Adverbien unverändert, d. h. ohne **-ly,** z. B. fast – fast, hard – hard. Einige dieser Ausdrücke existieren zwar mit einer Endung auf **-ly**, sie haben dann allerdings eine andere Bedeutung: hardly *kaum,* lately *unlängst.*

Early, daily, weekly, monthly, yearly haben als Adjektiv und Adverb die gleiche Form.

## 5.3. Steigerung

Adverbien auf **-ly** + mit **more** bzw. **most**: beautifully – more beautifully – most beautifully
Einsilbige Adverbien (z. B. **fast**) werden durch Anhängen von **-er, -est** gesteigert: faster – fastest

Unregelmäßige Steigerungsformen: well – better – best     badly – worse – worst

# 3 Das Substantiv

## 3.1. Pluralbildung

| Singular | Pluralbildung | Beispiele |
|---|---|---|
| Substantiv | + s | dog – dogs |
| Substantiv auf -s, -x, -z, -ch, -sh | + es | bus – buses |
| Substantiv auf Konsonant + y | -ies | baby – babies |
| Substantiv auf -fe oder f | -ves | knife – knives |
| Substantiv auf -o | -oes | hero – heroes |

- **Unregelmäßige Pluralbildung:**
  child – children, foot – feet, goose – geese, man – men, mouse – mice, tooth – teeth, woman – women
- **Pluralbildung ohne Veränderung:**
  dozen, fish, fruit, hair, sheep, deer, swine, sowie die meisten Fischarten: carp, pike, salmon, trout, aber: herring – herrings, eel – eels
- **Nur im Singular stehende Abstrakta und Kollektiva:**

| | | | | | |
|---|---|---|---|---|---|
| advice | *Rat* | furniture | *Möbel* | progress | *Fortschritt(e)* |
| business | *Geschäft(e)* | knowledge | *Kenntnisse* | | |
| information | *Information(en)* | merchandise | *Ware(n)* | | |

<u>aber</u>: a piece of information: *eine Information,* a piece of advice: *ein Rat*

- **Nur im Plural stehende zweiteilige Gegenstände:**

| | | | |
|---|---|---|---|
| glasses | *Brille* | scissors | *Schere* |
| scales | *Waage* | trousers | *Hose(n)* |

a pair of scissors: *eine Schere,* these glasses are strong: *diese Brille ist stark*

⚠ Bei Körperteilen und Kleidung steht anders als im Deutschen der Plural und Possessivpronomen: they came in with <u>their hats</u> on <u>their heads</u>: *... mit <u>dem Hut</u> auf <u>dem Kopf</u>.*

## 3.2. Genitiv

- Bei Menschen und Tieren wird meist der sog. **-s-Genitiv** verwendet. Es gibt folgende Formen:

| -'s | s' |
|---|---|
| Substantive im Singular: John's house | Substantive im Plural: |
| Unregelmäßige Pluralformen: the women's 100 metres | the Smiths' house |

- Bei Substantiven, die bereits auf **-s** enden, gibt es beide Möglichkeiten:
  the boss' wife oder the boss's wife
- Bei Dingen wird überwiegend der sogenannte **of-Genitiv** verwendet: the top of the mountain

## 3.3. Das grammatische Geschlecht der Substantive

- Bei Berufsbezeichnungen gibt es in der Regel keine Unterscheidung zwischen männlicher und weiblicher Form. Zur Hervorhebung wird jedoch nicht selten der Zusatz **female** verwendet: a female boss, a female cousin, etc.
- Umgekehrt gibt es bei traditionell weiblich besetzten Berufen den Zusatz **male:** a male nurse
- Einige Substantive haben unterschiedliche Bezeichnungen, z. B. actor – actress, waiter – waitress

## 13.1. Allgemeines

- Unvollständige Hilfsverben (auch Modalverben genannt) stehen immer zusammen mit einem Vollverb.
- Sie enden in der 3. Pers. Sg. (Gegenwart) nicht auf **-s**.
- Bei Fragen und Verneinungen erfolgt keine Umschreibung mit to do.
- Die unvollständigen Hilfsverben heißen „unvollständig", da sie nicht in allen Zeiten verwendet werden können, sondern Umschreibungen mit Ersatzverben bedürfen.

## 13.1. Übersicht über die Modalverben und ihre Eigenschaften

| Modalverben | Funktion | Gegenwart | Vergangenheit | Zukunft |
| --- | --- | --- | --- | --- |
| must/have to | Notwendigkeit, Zwang | You must buy a ticket before you get on the bus. You have to buy a ticket... | I had to buy a ticket before I went on the bus. | You'll have to buy a ticket for the underground. |
| | | **must/have to** | **had to** | **will have to** |
| needn't/not have to | keine Notwendigkeit, kein Zwang | I needn't buy a ticket. | I didn't have to buy a ticket. | I won't have to buy a ticket. |
| | | **needn't/ not have to** | **didn't have to** | **won't have to** |
| can/could, be able to | Fähigkeit | I can speak English now. | I could speak some words last year. I was able to speak some words last year. | I'm learning Spanish at the moment. I will be able to speak it in two years time but I won't be able to speak it well. |
| | | **can** | **could/was able to** | **will be able to/ won't be able to** |
| can/may/be allowed to | Erlaubnis, Verbot | You can park your car here but you can't park it over there. You may park your car here but you may not park it over there. | I was allowed to park my car in that street but I wasn't allowed to park it in front of the station. | You will be allowed to park your car in that street but you won't be allowed to park in it front of the station. |
| | | **can/may/be allowed to** | **was allowed to/wasn't allowed to** | **will be allowed to/won't be allowed to** |

 · ISBN 3-468-36121-1
Druck: Druckhaus Langenscheidt, Berlin-Schöneberg. Printed in Germany / 3 4 5 . 04 03

## 14 Der Gebrauch der Zeiten

| | Funktion | Beispiel |
|---|---|---|
| **simple present** | Ausdruck regelmäßiger Handlungen der Gegenwart<br>Ausdruck fest terminierter Vorgänge in der Zukunft | On Wednesdays we play football.<br>The train to New York leaves at 7.30. |
| **present progressive** | Betonung liegt auf dem Ablauf der Handlung<br>Pläne und Vereinbarungen | I'can't come at the moment. I'm washing my hair.<br>We're going to Atlanta tomorrow. |
| **simple past** | In der Vergangenheit abgeschlossene Vorgänge, häufig auch mit eindeutigen Zeitangaben, z. B. yesterday, last week, two months ago, etc. | We went to Italy last year. |
| **past progressive** | Länger andauernde Vorgänge in der Vergangenheit (oft auch als Hintergrundhandlung für andere plötzlich eintretende Vorgänge) | It was raining all afternoon.<br>Jane was washing her hair when her friend called. |
| **present perfect** | Handlungen der Vergangenheit mit starkem Gegenwartsbezug, z. B. bei erkennbarem Ergebnis der Handlung; Vorgänge, die in der Vergangenheit begonnen haben und bis in die Gegenwart reichen (key words: already, yet *schon,* not ... yet *noch nicht,* ever *jemals,* never *niemals,* for, since *seit* | I have washed your clothes. They're clean now.<br>Have you ever been to Rome? Yes, I've been there many times.<br>We've lived here for five years now.<br>Our neighbours have been here since 1992. |
| **present perfect progressive** | Betonung der Dauer von Handlungen oder Vorgänge, die sich bis in die Gegenwart erstrecken (Übersetzung im Deutschen mit Präsens) | I've been looking for this book for years now. *Ich suche schon seit Jahren nach diesem Buch.* |
| **past perfect** | Vorzeitigkeit | After we had arrived we were shown our rooms. |
| **will-future** | Vermutungen und Voraussagen sowie nach I think, I guess, I hope | I think it will rain tomorrow. |
| **going to-future** | Pläne und persönliche Vorhaben | We're going to have a party next week. Are you going to come? |

- **for** und **since:**

| **for** *Zeitdauer* | **since** *Zeitpunkt* |
|---|---|
| for an hour | since one o'clock |
| for two weeks | since last week |

## 15 Die indirekte Rede

- Wird die indirekte Rede mit einem Verb im **present, future** oder auch dem **present perfect** eingeleitet, so ändern sich die Zeiten im abhängigen Nebensatz nicht.
  Steht das einleitende Verb aber in einer Zeit der Vergangenheit, so müssen die Zeiten im Nebensatz „zurückverschoben" werden:

| | | |
|---|---|---|
| *Tom:* The hotel is a bit expensive. | → | Tom **said** that the hotel was a bit expensive. |
| *Tom: Das Hotel ist etwas teuer.* | → | *Tom sagte, das Hotel sei etwas teuer.* |

- Die Regeln für die Verschiebung der Zeiten sind wie folgt:

| | | |
|---|---|---|
| Gegenwart, z. B. **talk** | → | Vergangenheit: **talked** |
| Vergangenheit; z. B. **talk, has talked, had talked** | → | **past perfect: had talked** |
| Futur, z. B. **will talk** | → | **would talk** |

Modale Hilfsverben verändern sich wie folgt:

| | | |
|---|---|---|
| **can** | → | **could** |
| **may** | → | **might** |
| **shall/will** | → | **should/would** |

Neben den Zeiten, Personalpronomen und Possessivbegleitern ändern sich auch Orts- und Zeitangaben:

| | | |
|---|---|---|
| **here** | → | **there** |
| **now** | → | **then, at that time** |
| **this week, month, etc.** | → | **that week, month, etc.** |
| **tonight** | → | **that night** |
| **last year** | → | **the year before** |
| **next year** | → | **the following year** |

- Bei Befehlen oder Aufforderungen (mit **to tell**, **to ask**) gilt folgende Wortstellung:

| Subjekt | Verb | Objekt | to-Infinitiv | |
|---|---|---|---|---|
| Tom | asked | me | to buy | some wine. |

## 16 Bedingungssätze (conditional sentences)

Im Englischen gibt es drei Typen von Bedingungssätzen:

**1.** Reale Bedingungssätze mit Bezug auf die Zukunft, z. B.:

| | |
|---|---|
| If the weather is good, | we'll go to the beach tomorrow. |
| If it is warm enough, | we can go swimming. |
| **if + present tense** | **will-future**, Modalverben im **present** oder Imperativ |

**2.** Irreale Bedingungssätze mit Bezug auf Gegenwart oder Zukunft, z. B.:

| | |
|---|---|
| If I had enough money, | I would travel around the world. |
| **if + past tense** | **conditional**, Modalverb in der Vergangenheit (**could, might,** etc.) |

**3.** Irreale Bedingungssätze mit Vergangenheitsbezug:

| | |
|---|---|
| If I had done better at school, | I would have got a good job. |
| **if + past perfect** | **conditional perfect (would have+past participle)** |

## 20 Infinitiv oder Gerund

- Einige Verben können sowohl mit dem Infinitiv als auch mit dem Gerund verbunden werden, ohne dass damit ein Unterschied in der Bedeutung verbunden ist: **to begin, to start** *anfangen, beginnen,* **to continue** *fortfahren,* **to intend** *beabsichtigen*

- Bei **to like** *mögen,* **to love** *lieben,* **to hate** *hassen* und **to prefer** *bevorzugen* verweist das Gerund auf eine generelle Eigenschaft (I love going to the cinema. *Ich gehe (im Allgemeinen) gerne ins Kino.*), während der Infinitiv sich eher auf konkrete Einzelsituationen bezieht und deshalb meist auch in Verbindung mit **would** steht (I'd like to go to the cinema tonight. *Ich würde heute Abend gerne ins Kino gehen.*)

- Bei **to go on** *weitermachen,* **to forget** *vergessen,* **to remember** *sich erinnern,* **to stop** *aufhören* und **to try** *versuchen* ergeben sich aus der unterschiedlichen Verwendung von Infinitiv und Gerund Bedeutungsunterschiede:

| **to go on doing s.th.** *mit etw. weitermachen:* | **to go on to do s.th.** *etw. als Nächstes (anschließend) tun:* |
|---|---|
| She went on reading.<br>*Sie hat weiter gelesen.* | He went on to tell me about his new job.<br>*Dann hat er mir von seiner neuen Arbeit erzählt.* |

| **to forget doing s.th.** *vergessen haben etw. zu tun:* | **to forget to do s.th.** *vergessen etw. zu tun:* |
|---|---|
| I'll never forget going to New York for the first time. *Ich werde nie vergessen, wie ich zum ersten Mal nach New York gefahren bin.* | Don't forget to take your medicine tonight.<br>*Vergiss nicht, heute Abend deine Medizin zu nehmen.* |

| **to remember doing s.th.** *sich daran erinnern, etw. getan zu haben:* | **to remember to do s.th.** *daran denken etw. zu tun:* |
|---|---|
| I clearly remember switching the light off.<br>*Ich erinnere mich genau daran, dass ich das Licht ausgemacht habe.* | Did you remember to switch off the light?<br>*Hast du daran gedacht, das Licht auszumachen.* |

| **to stop doing s.th.** *aufhören etw. zu tun:* | **to stop to do s.th.** *anhalten/innehalten, um etw. (anderes) zu tun:* |
|---|---|
| Stop telling me what I have to do! *Hör auf mir zu erzählen, was ich zu tun habe!* | We stopped on our way to have a little break. *Auf unserem Weg haben wir angehalten, um eine kleine Pause einzulegen.* |

| **to try doing s.th.** *versuchen im Sinne von etw. ausprobieren:* | **to try to do s.th.** *versuchen im Sinne von sich bemühen etw. zu tun:* |
|---|---|
| The TV isn't working.<br>Try plugging it in.<br>*Der Fernseher funktioniert nicht.*<br>*Versuchs mal damit, ihn anzustecken.* | I tried to reach him on the phone but he's never at home. *Ich habe versucht, ihn telefonisch zu erreichen, aber er ist nie zu Hause.* |

# 21 Das Partizip

## 21.1. Formen

| | Aktiv | Passiv |
|---|---|---|
| **present participle** | asking | being asked |
| **past participle** | asked | asked |
| **perfect participle** | having asked | having been asked |

## 21.2. Gebrauch

- ähnlich wie Adjektive: There were some shocking scenes in the report. *Es gab einige schockierende Szenen in dem Bericht.*
- in Verbindung mit folgenden Verben nach dem Objekt: **to catch** *erwischen*, **to find** *(auf)finden*, **to keep** *lassen*, **to leave** *(ver)lassen:* He kept me waiting a long time. *Er ließ mich lange warten.*
- bei verschiedenen Verben der Wahrnehmung (**to feel, to hear, to see, to smell,** etc.) ebenfalls nach dem Objekt: I smelled something burning. *Ich roch, dass etwas brannte.*
- zur Verkürzung von Nebensätzen:
  a) **temporal** (zeitlich): Having finished his work he went home. *Nachdem er seine Arbeit beendet hatte, ging er nach Hause.*
  b) **kausal** (des Grundes): Being too tired to walk home she took a taxi. *Da sie zu müde war nach Hause zu laufen, nahm sie ein Taxi.*
  c) **modal** (der Art und Weise): One of my colleagues came into the room carrying some books. *Einer meiner Kollegen kam ins Zimmer und hatte einige Bücher dabei.*
  d) **Relativsätze**: The man talking to me was my brother. *Der Mann, der sich mit mir unterhalten hat, war mein Bruder.*

# 22 Präpositionen

above *oberhalb, über*
across *quer, über*
after *hinter ... her, nach*
against *gegen*
ago *vor (zeitlich von der Gegenwart aus)*
along *entlang*
amidst *mitten unter*
among *zwischen, unter (einer Menge)*
around, round *um ... herum*
at *an, bei, um (bei Uhrzeit)*

before *bevor, ehe, vor (zeitlich von der Vergangenheit aus)*
behind *hinter, nach*
below *unter, unterhalb*
beside *neben*
besides *außerdem*
between *zwischen*
beyond *jenseits, über ... hinaus*
but *außer, ausgenommen*

by *bei, durch, mit, bis zu (zeitlich)*

down *hinunter*
during *während*
for *für, während, seit*

from *von, von ...her*

in *in*
into *in ... hinein*

near *nahe bei*

of *von, aus (zur Bezeichnung des Stoffes)*
off *weg .. von, aus (... heraus), außerhalb*
on, upon *auf*
out of *aus ... heraus*
outside *außerhalb, draußen*
over *über*

past *an ... vorbei, nach, über ... hinaus*
since *seit*

through *durch, hindurch*
to *nach, zu, bis*
towards *nach, gegen, auf ... zu*

under *unter*
until, till *bis*
not until *erst*
up *hinauf*
up to *bis zu*

with *mit*
within *in, binnen, innerhalb*
without *ohne*

# 23 Zahlwörter

## 23.1. Grundzahlen

- Bindestrich zwischen Zehnern und Einern: **thirty-two** *zweiunddreißig*
- Bei Zahlen übr 100 steht **and** zwischen Zehnern und Einern: **two hundred and seventy-seven** *zweihundertsiebenundsiebzig*
- Schreibweise: Ab 1000 steht im Englischen immer ein Komma: **1,000**. Bei Dezimalzahlen steht dagegen anstelle eines Kommas ein Punkt: **5.7** (gesprochen **five point seven** *fünf Komma sieben*)

## 23.2. Ordnungszahlen

- Grundzahl + **th**: **30th** (**thirtieth** *der dreißigste*), außer bei **1st (first), 2nd (second)** und **3rd (third).** Beachten Sie die Schreibweise bei **five – fifth, eight – eighth, nine – ninth, twelve – twelfth** und **twenty – twentieth**
- Daten: **I was born on July 24th** oder **on the 24th of July**

## 23.3. Zahladverbien

| Aufzählungen | Wiederholungen | Vervielfältigung |
|---|---|---|
| **firstly, secondly** oder **in the first place, in the second place** | **once, twice, three times four times, etc.** | **single, double, triple, fourfold, a (one) hundredfold** |

# 24 Unregelmäßige Verben

| **Infinitiv** | **past tense** | **past participle** | dt. Übersetzung |
|---|---|---|---|
| be | was | been | *sein* |
| beat | beat | beaten | *schlagen* |
| become | became | become | *werden* |
| begin | began | begun | *anfangen* |
| bite | bit | bitten | *beißen* |
| blow | blew | blown | *blasen* |
| break | broke | broken | *(zer)brechen* |
| bring | brought | brought | *(mit-, her)bringen* |
| build | built | built | *bauen* |
| burst | burst | burst | *platzen, zerbersten* |
| buy | bought | bought | *kaufen* |
| catch | caught | caught | *fangen* |
| choose | chose | chosen | *(aus)wählen* |
| cling | clung | clung | *kleben, haften* |
| come | came | come | *kommen* |
| cost | cost | cost | *kosten* |
| cut | cut | cut | *schneiden* |
| dig | dug | dug | *graben* |
| do | did | done | *tun; machen* |
| draw | drew | drawn | *ziehen; zeichnen* |
| dream | dreamt / dreamed | dreamt / dreamed | *träumen* |
| drink | drank | drunk | *trinken* |
| drive | drove | driven | *fahren* |
| eat | ate | eaten | *essen* |
| fall | fell | fallen | *fallen* |
| feed | fed | fed | *füttern* |
| feel | felt | felt | *(sich) fühlen* |
| fight | fought | fought | *kämpfen* |
| find | found | found | *finden* |
| fly | flew | flown | *fliegen* |
| forget | forgot | forgotten | *vergessen* |
| forgive | forgave | forgiven | *vergeben* |
| freeze | froze | frozen | *gefrieren* |

| Verb+Präposition: |
| --- |
| **to accuse s.o. of doing s.th.** *j-n e-r Sache beschuldigen,* **to concentrate on doing s.th.** *sich auf etw. konzentrieren,* **to dream of doing s.th.** *davon träumen, etw. zu tun,* **to insist on doing s.th.** *darauf bestehen, etw. zu tun,* **to look forward to doing s.th.** *sich darauf freuen, etw. zu tun,* **to prevent s.o. from doing s.th.** *j-n davon abhalten, etw. zu tun,* **to succeed in doing s.th.** *erfolgreich sein bei,* **to think of doing s.th.** *daran denken, etw. zu tun* |

| Feste Redewendungen: |
| --- |
| **It's fun doing s.th.** *es macht Spaß etw. zu tun,* **I can't help doing s.th.** *ich kann nicht anders als, kann nichts dafür, dass,* **I can't stand doing s.th.** *ich kann es nicht ausstehen* |

- Das Gerund kann stehen anstelle eines adverbialen Nebensatzes
  a) **der Zeit** (temporal) mit **after** *nachdem,* **before** *bevor, ehe,* **on** *als,* **upon** *gleich nachdem:* On flying over Manhattan she realized how beautiful the city was. *Als sie über Manhattan flog, wurde ihr klar wie schön die Stadt war.*
  b) **der Einräumung** (konzessiv) nach **in spite of** *obwohl, trotzdem:* In spite of knowing how dangerous the way was, he walked home alone. *Obwohl er wusste wie gefährlich der Weg war, lief er zu Fuß nach Hause.*
  c) **der Art und Weise** (modal) mit **by** *indem,* **instead of** *anstatt,* **with** *damit, dass,* **without** *ohne dass:* We prefer saving our money instead of buying a new house now. *Wir sparen unser Geld lieber, anstatt uns jetzt ein neues Haus zu kaufen.*
  d) **des Mittels** (instrumental) nach **by** *indem; dadurch, dass:* He became famous by inventing a new machine. *Indem er eine neue Maschine erfand wurde er berühmt.*
  e) **des Grundes** (kausal) nach **for** *um zu; dafür, dass:* She was angry at herself for being so rude. *Sie ärgerte sich über sich selbst, dass sie so unfreundlich gewesen war.*
- Das Gerund kann ein eigenes Subjekt haben, welches unmittelbar vor ihn steht und nicht mit dem Subjekt des vorangehenden Verbs übereinstimmt: We are very pleased about the concert being such a success. *Wir sind sehr erfreut darüber, dass das Konzert so ein Erfolg ist.*
- Pronomen können in einem solchen Fall entweder in der Objektform (**me, you, ...**) oder als Possessivbegleiter stehen (**my, your,** etc.): I hope you don't mind him (his) telling her about it. *Ich hoffe, es macht dir nichts aus, dass er ihr davon erzählt hat.*

## 19 Infinitiv mit "to"

Der Infinitiv mit **to** steht:

- nach zahlreichen Adjektiven bzw. deren Steigerungsformen: English is easy to learn.
- nach **would like, would love, would hate:** I would like to have a cup of coffee now.
- nach Verben wie **to agree, to choose, to expect, to hope, to learn, to manage, to offer, to plan, to promise, to seem, to teach, to want:** We managed to get there on time. Wir schafften es, rechtzeitig dort zu sein.
- zum Ausdruck einer Absicht, oft auch verstärkt durch **in order to** *um zu.*
- anstelle eines indirekten Fragesatzes mit modalem Hilfsverb: Can you tell me how to get to Victoria Station, please? (= how I can get to Victoria station)
- anstelle eines Relativsatzes nach den Superlativen **the first, the last, the only one(s):** We were the first ones to be at the party. (= who were at the party)
- oder anstelle eines Relativsatzes mit Modalverb nach einem Substantiv: In that case, the best thing to do is ... (= the best thing that you can do is ...)
- **Der Infinitiv mit eigenem Subjekt:** Nach Verben, die einen Befehl, einen Bitte, eine Erlaubnis oder einen Wunsch ausdrücken (**to ask, to advise, to allow, to expect, to invite, to remind** oder **to want**) steht der **to**-Infinitiv häufig nach dem direkten Objekt: I would like Paul to see the paintings. *Ich hätte gern, dass Paul die Gemälde sieht.*

⚠ Eine wörtliche Übersetzung von *möchten, dass; erwarten, dass* usw. mit **that** ist nicht möglich!

## 17 Das Passiv

Das Passiv wird gebildet aus der entsprechenden Form von **to be** und dem **past participle:**

| | |
|---|---|
| **simple present:** | The car is repaired now. *Das Auto ist jetzt repariert.* |
| **simple past:** | The other car was repaired yesterday. *Das andere Auto wurde gestern repariert.* |
| **present perfect:** | My bike has been stolen. *Mein Fahrrad ist gestohlen worden.* |
| **past perfect:** | It had been stolen twice before. *Es war bereits zweimal vorher gestohlen worden.* |
| **will-future:** | Dinner will be served at 7.30. *Das Abendessen wird um halb acht serviert.* |

- Bei der Verlaufsform steht **being** nach der jeweiligen Form von **to be:** The car is being repaired at the moment. *Das Auto wird gerade repariert.*
- Anstelle von **to be** wird umgangssprachlich oft auch **to get** verwendet.
- Der Verursacher der Handlung wird mit **by** angeschlossen: The car has been repaired by my father. *Das Auto ist von meinem Vater repariert worden.*
- Das Passiv steht im Englischen häufig in der deutschen Bedeutung von *man:* English is spoken almost everywhere. *Englisch wird fast überall gesprochen.*

## 18 Das Gerundium

Das Gerund steht als substantivische Verbform als

- Subjekt: Swimming is good for your health. *Schwimmen ist gut für die Gesundheit.*
- Objekt nach bestimmten Verben, insbesondere solchen, die eine Vorliebe oder Abneigung oder ein Zeiverhältnis ausdrücken, z. B.: I love going to the cinema. *Ich liebe es, ins Kino zu gehen.*

**Das Gerund muss stehen nach:**

| | |
|---|---|
| to dislike | to fancy |
| to feel like | to finish |
| to go on | to give up |
| to keep | to risk |
| to put off | I do not mind |
| to stop | I can't help |
| to finish | |

**Das Gerund kann stehen nach:**

| | |
|---|---|
| to like | to hate |
| to enjoy | to love |
| to excuse | to prefer |
| to mind | to regret |
| to start | to remember |

Daneben steht das Gerund auch nach Präpositionen, die mit einem vorangehenden Adjektiv, Substantiv oder Verb verbunden sind:

**Adjektiv+Präposition:**

**to be good/bad at doing s.th.** *gut/schlecht in etw. sein,* **to be famous for doing s.th.** *berühmt dafür sein, etw. zu tun (getan zu haben),* **to be interested in doing s.th.** *daran interessiert sein, etw. zu tun,* **to be keen on doing s.th.** *scharf darauf sein, etw. zu tun,* **to be tired of doing s.th.** *es müde sein, satt haben, etw. zu tun,* **to be used to doing s.th.** *daran gewöhnt sein, etw. zu tun*

**Substantiv+Präposition:**

**to be in danger of doing s.th.** *Gefahr laufen, etw. zu tun,* **to have difficulty in doing s.th.** *Schwierigkeiten haben, etw. zu tun,* **in the hope of doing s.th.** *in der Hoffnung etw. zu tun,* **to run the risk of doing s.th.** *Gefahr laufen, etw. zu tun*

| Infinitiv | past tense | past participle | dt. Übersetzung |
|---|---|---|---|
| get | got | got (AE auch: gotten) | *bekommen* |
| give | gave | given | *geben* |
| go | went | gone | *gehen* |
| grow | grew | grown | *wachsen* |
| hang | hung | hung | *hängen* |
| have | had | had | *haben* |
| hear | heard | heard | *hören* |
| hide | hid | hidden | *(sich) verstecken* |
| hit | hit | hit | *schlagen; treffen* |
| hold | held | held | *halten* |
| hurt | hurt | hurt | *wehtun; verletzen* |
| keep | kept | kept | *behalten* |
| know | knew | known | *wissen; kennen* |
| lay | laid | laid | *legen* |
| lead | led | led | *führen* |
| learn | learnt / learned | learnt / learned | *lernen* |
| leave | left | left | *lassen, verlassen* |
| lend | lent | lent | *(aus-, ver)leihen* |
| let | let | let | *lassen* |
| lie | lay | lain | *liegen* |
| lose | lost | lost | *verlieren* |
| make | made | made | *machen* |
| mean | meant | meant | *bedeuten* |
| meet | met | met | *treffen; kennen lernen* |
| mow | mowed | mown | *mähen* |
| pay | paid | paid | *(be)zahlen* |
| put | put | put | *legen; setzen; stellen* |
| read | read | read | *lesen* |
| ride | rode | ridden | *reiten; fahren* |
| ring | rang | rung | *läuten; klingeln* |
| run | ran | run | *laufen; rennen* |
| say | said | said | *sagen* |
| see | saw | seen | *sehen* |
| sell | sold | sold | *verkaufen* |
| send | sent | sent | *schicken* |
| set | set | set | *setzen, stellen* |
| shake | shook | shaken | *schütteln* |
| shine | shone | shone | *scheinen* |
| shoot | shot | shot | *(er)schießen* |
| show | showed | shown | *zeigen* |
| shut | shut | shut | *schließen, zumachen* |
| sing | sang | sung | *singen* |
| sit | sat | sat | *sitzen* |
| sleep | slept | slept | *schlafen* |
| smell | smelt / smelled | smelt / smelled | *riechen* |
| speak | spoke | spoken | *sprechen* |
| spell | spelt | spelt | *buchstabieren* |
| spend | spent | spent | *ausgeben; (Zeit) verbringen* |
| spoil | spoilt | spoilt | *verderben* |
| stand | stood | stood | *stehen* |
| steal | stole | stolen | *stehlen* |
| sting | stung | stung | *stechen* |
| strike | struck | struck | *schlagen* |
| swim | swam | swum | *schwimmen* |
| take | took | taken | *nehmen* |
| teach | taught | taught | *lehren, unterrichten* |
| tear | tore | torn | *zer(reißen)* |
| tell | told | told | *sagen; erzählen* |
| think | thought | thought | *denken; meinen* |
| throw | threw | thrown | *werfen* |
| wake | woke | woken | *aufwachen; wecken* |
| wear | wore | worn | *(Kleidung) tragen* |
| win | won | won | *gewinnen* |
| write | wrote | written | *schreiben* |

 · ISBN 3-468-36121-1
Druck: Druckhaus Langenscheidt, Berlin-Schöneberg. Printed in Germany / 3 4 5 . 04 03